Gaelle Lalaux

Les bisons d'Europe et les autres bisons

Gaelle Lalaux

Les bisons d'Europe et les autres bisons

Les bisons

Éditions Muse

Cover image: www.ingimage.com

Publisher:
Éditions Muse
is a trademark of
Dodo Books Indian Ocean Ltd. and OmniScriptum S.R.L publishing group

120 High Road, East Finchley, London, N2 9ED, United Kingdom
Str. Armeneasca 28/1, office 1, Chisinau MD-2012, Republic of Moldova, Europe
Printed at: see last page
ISBN: 978-620-4-96529-1

Les bisons d europe.

Intro: j'ai écrit ce livre parce que j'ai visité la Réserve des bisons d'Europe à SAINTE EULALIE j'ai trouvé ça très bien qu'ils fassent les visites avec une calèche et avec des chevaux de trait ou en traîneau l'hiver.

Le Bison d'Europe (Bison bonasus Linnaeus, 1758) est une espèce de mammifère ruminant de la famille des Bovidés. C'est une des deux espèces du genre Bison, l'autre étant le Bison américain. Les deux espèces de bisons sont considérées par certains auteurs comme appartenant au genre Bos (Bos bison), à cause de croisements possibles entre espèces du genre Bison et du genre Bos (voir Beefalo).

Commun durant toute la préhistoire, il a failli être exterminé par la chasse et aussi par la quasi-disparition de son milieu naturel, la forêt primaire, remplacée dès la révolution agricole du néolithique par des champs et des pâturages :les derniers spécimens sauvages avaient été tués en Pologne en 1927.

Désormais protégé, il est peu à peu réintroduit en Europe depuis les années 1950, à partir de douze reproducteurs issus de parcs zoologiques.

La population de bisons d'Europe en 2020 est constituée de 1791 individus en captivité, 501 en semi-liberté et 6819 à l'état sauvage. Ils sont répartis dans 33 pays. Mis à part 33 animaux en captivité, tous ces bisons vivent en Europe. Les bisons sauvages se trouvent dans le centre et l'Est du continent : Allemagne, Biélorussie, Bulgarie, Lettonie, Lituanie, Pologne, Roumanie, Russie, Slovaquie et Ukraine. Les programmes d'élevage en semi-liberté permettent de réintroduire les animaux dans la nature.

Historique

Le bison d'Europe était très répandu sur tout le continent européen, de l'Atlantique à l'Oural (excepté le sud de la péninsule Ibérique, le sud de l'Italie, la péninsule Scandinave et les îles Britanniques), et ce jusqu'au Moyen Âge. Il est également possible qu'il ait peuplé la Sibérie, mais ce point demande à être confirmé.

La présence de bisons en Grèce antique est attestée par plusieurs auteurs. Aristote, au ive siècle av. J.-C., évoque dans son Histoire des animaux un animal appelé bonasos (βόνασος) présent en Péonie et en Médique, identifié comme le bison [6]. Au iie siècle, l'écrivain grec Pausanias le Périégète mentionne dans sa Description de la Grèce la présence de bisons en Péonie, une région de Thrace, en Grèce du Nord, animaux qu'il appelle tantôt « bisons », tantôt « taureaux de Péonie » dans le même passage. Il décrit une technique locale permettant d'en capturer. Cette technique consiste à rabattre l'animal vers un piège situé sur une pente et consistant en des peaux de bêtes huilées sur lesquelles l'animal dévale la pente, jusqu'à finir enfermé entre des palissades construites au préalable. Pausanias indique dans le même passage qu'un roi des Péoniens, Dropion fils de Déon, avait consacré dans le sanctuaire d'Apollon à Delphes une tête de bison en bronze que l'auteur a vue en visitant l'endroit. Pausanias indique aussi avoir vu ces taureaux de Péonie parmi les curiosités de Rome. Le poète Oppien d'Apamée, qui vit au iiie siècle, donne une description des bisons dans son épopée des Cynégétiques (consacrée, comme son nom l'indique, à la chasse) ; il rapproche leur nom de celui de la région de Bistonie, en Thrace, où vivaient les Bistones.

Charlemagne chassait le bison ainsi que l'aurochs, dans la région de Liège et d'Aix-la-Chapelle.

Exterminé après la Première Guerre mondiale, le bison d'Europe ne survivait alors plus qu'en captivité. Il a été progressivement réintroduit dans la nature après la Seconde Guerre mondiale.

Le bison naturalisé

Bison de la réserve de la Margeride.

Le Bison est un ruminant

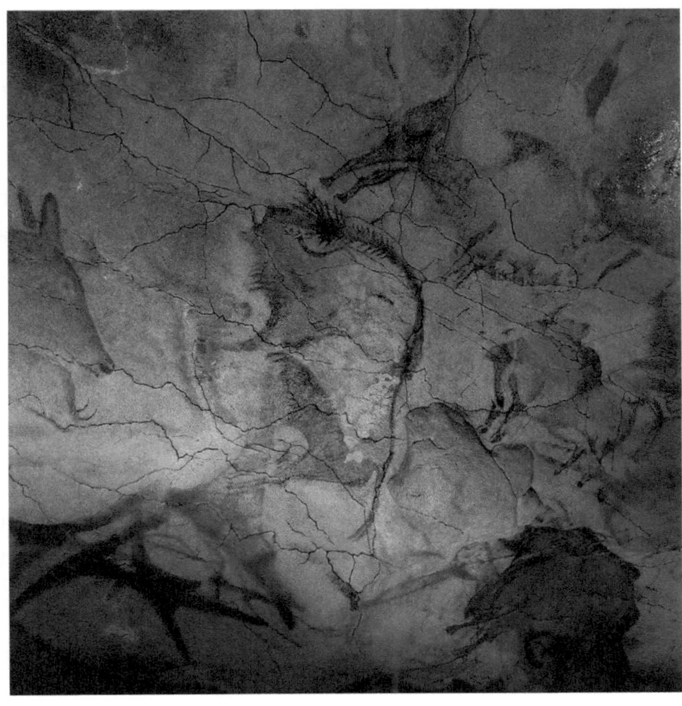

Bisons dessinés dans le plafond de la grotte Altamira.

Description

Le poids moyen du mâle est d'environ 800 kg (1 200 kg au maximum), et sa taille peut atteindre 1,80 m, voire 2 m au garrot, et jusqu'à 3 m de long. La femelle est plus petite, avec un poids entre 350 et 600 kg. C'est le plus gros mammifère terrestre d'Europe.

L'animal peut vivre 15 à 20 ans, surtout en captivité où il n'a pas de prédateur. Dans la nature, le bison a surtout comme prédateur le loup.

Les accouplements ont lieu à la fin de l'été et au début de l'automne. Après neuf mois de gestation, les petits naissent au printemps, ils sont joueurs, affectueux et faciles à apprivoiser. À deux mois, leur bosse commence à pousser. À 1 an, ils deviennent dangereux.

La nourriture de ce ruminant est constituée de quelque 250 variétés végétales différentes, avec une prédominance d'herbes, mais avec aussi des écorces et des feuilles.

L'animal vit en petits troupeaux familiaux de trente têtes au maximum, dirigés par une femelle. Ces troupeaux ont tendance à se disperser l'été en petits groupes, et à se reformer à l'automne.

Les groupes de mâles sont plus petits, de l'ordre de deux à quatre individus, en général.

Le bison d'Europe (Bison bonasus) vit essentiellement en forêt comme le bison des bois (Bison bison athabascae, sous-espèce du Bison d'Amérique du Nord) et à l'inverse du bison des plaines (Bison bison bison, autre sous-espèce du Bison d'Amérique du Nord) qui lui est exclusivement un animal de prairie.

Sous-espèces

Trois sous-espèces de bison d'Europe ont été décrites, mais d'autres ont peut-être existé dans le passé :

Bison bonasus bonasus (Linnaeus, 1758) – Pologne, Allemagne et Roumanie
† Bison bonasus caucasicus (Turkin et Satunin, 1904) – région du Caucase
† Bison bonasus hungarorum (Kretzoi, 1946) – montagnes des Carpates et Transylvanie
La première sous-espèce existe toujours. La seconde a disparu, mais conserve des descendants dans une lignée hybride de Bison bonasus bonasus et de Bison bonasus caucasicus.

Bison bonasus caucasicus empaillé.

Bison bonasus bonasus dans la neige à la réserve de Springe en Allemagne.

Une espèce en péril

Jeune bison, au zoo de Barcelone

Jeune bison en semi-liberté en France (Lozère).

Extermination

Le bison d'Europe disparut de France au viiie siècle, de Suisse au xie siècle, d'Allemagne au xviie siècle, de Transylvanie (Roumanie) au xviie siècle et de Pologne, son ultime refuge, dans les années 1920.

Ces disparitions sont largement dues à la chasse, mais aussi à la régression de ses habitats, concurrencés par l'agriculture.

Gibier de rois, des mesures furent décidées assez tôt pour sa protection, mais sans succès. Il fut interdit de le tuer dans la Pologne du xvie siècle. Des élevages furent entrepris et une tentative de réintroduction fut menée avec des bêtes d'élevage dans le Mecklembourg en 1689 et en Saxe en 1733, sans succès.

Sauvetage

À la fin des années 1920, les seuls bisons d'Europe encore vivants (54, dont 29 mâles et 25 femelles) ne survivaient plus que dans les zoos. Il s'agissait alors essentiellement de la sous-espèce de plaine Bison bonasus bonasus. La sous-espèce des montagnes du Caucase (Bison bonasus caucasicus) a aujourd'hui disparu. Il n'en reste qu'une lignée mixte, mélange de Bison bonasus bonasus et de Bison bonasus caucasicus, que les généticiens maintiennent soigneusement séparée de la lignée pure des plaines (Bison bonasus bonasus).

Seuls douze géniteurs sur les 54 survivants se sont finalement reproduits. La population actuelle de la sous-espèce des plaines (B. b. bonasus) est issue de sept sujets seulement : quatre mâles et trois femelles. C'est la principale population actuelle.

Une autre lignée a été formée à partir de quatre mâles et sept femelles B. b. bonasus, et d'un mâle B. b. caucasicus.

Certains fondateurs sont à la fois présents dans l'ascendance de la première lignée et dans celle de la seconde. Tous les fondateurs de la souche B. b. bonasus sont originaires de la population qui vivait dans la forêt de Białowieża.

La population du xxie siècle descend d'un très petit nombre d'animaux et la variabilité génétique est donc relativement faible, surtout dans la population « pure » de B. b. bonasus. Elle aurait même tendance à se réduire, du fait du phénomène dit de dérive génétique (à chaque génération, certains individus ne se reproduisent pas, ou ne transmettent pas une partie de leurs gènes, et certaines formes génétiques disparaissent donc). De fait, la comparaison entre les squelettes des animaux actuels et ceux des animaux des siècles précédents fait apparaître certaines anomalies dans la population moderne.

Société protectrice et European Bison Pedigree Book

En août 1923, la Société internationale pour la protection du Bison d'Europe a été créée pour assurer la survie de l'animal. Seize pays étaient à l'époque représentés. La société disparut avec la Seconde Guerre mondiale, mais son travail fut poursuivi.

Des zoos ont commencé à s'organiser pour échanger des reproducteurs, éviter la consanguinité et augmenter la population vivant en captivité. Un European Bison Pedigree Book (EBPB) (« livre des pedigrees du bison d'Europe ») a été mis en place pour suivre les bisons et leur généalogie, afin de limiter la consanguinité et les croisements entre sous-espèces et entre espèces. En effet, avant la Seconde Guerre mondiale, il existait un certain nombre d'hybrides entre Bison bonasus bonasus et Bison bonasus caucasinus. Il existait aussi des hybrides de bisons d'Europe et de bisons américains car les deux espèces, très proches, font des hybrides fertiles. Ces hybrides américains, risquant de faire disparaître la souche originelle des bisons d'Europe, furent en partie abattus en 1945. Aujourd'hui encore de nombreux zoos et parcs animaliers sont membres de cet EBPB, comme par exemple la réserve animale du Domaine des grottes de Han en Belgique dans les Ardennes.

Un groupe de bisons en captivité.

Groupe de bisons en semi-liberté.

Le European Bison Pedigree Book fut l'instrument permettant :

de maintenir le bison d'Europe en tant qu'espèce séparée, en empêchant les hybrides européen X américain de se croiser avec les bisons d'Europe ;
de maintenir une lignée Bison bonasus bonasus libre de toute influence de Bison bonasus caucasicus ;
d'éviter une trop grande consanguinité.
L'EBPB était publié en Allemagne avant la Seconde Guerre mondiale, et l'est en Pologne depuis la fin de la guerre.

Réintroductions en milieu naturel et parcs animaliers

À compter de 1952, les Polonais ont réalisé la première réintroduction du bison d'Europe (lignée B.b. bonasus) dans la grande forêt de Białowieża, dans l'est de la Pologne dont il habitait autrefois les régions boisées. La réintroduction a été couronnée de succès, et d'autres réintroductions ont suivi dans l'est de l'Europe. On trouve aujourd'hui des bisons sauvages en Pologne, Roumanie, Ukraine, Biélorussie, Slovaquie, Russie, Lituanie, Allemagne et Suisse. Le 11 avril 2013, huit bisons européens ont été réintroduits en Allemagne dans le massif du Rothaargebirge à 200 km de la frontière néerlandaise. L'Allemagne devient ainsi le premier pays ouest-européen à relâcher des bisons en liberté. La majorité des troupeaux appartiennent à la sous-espèce Bison bonasus bonasus, mais quelques-uns appartiennent à la lignée mixte.

Il a également été créé deux troupeaux totalement sauvages d'hybrides de Bison bonasus X Bison bison (bison américain). Tous deux ont été réintroduits dans le Caucase (fédération de Russie), le premier en 1954 (1 300 individus en 1984, 550 en 1999), et le second entre 1959 et 1967 près de Naltchik (250 animaux en 1993, 18 en 2001). Les deux populations ont connu une bonne expansion, mais ont fortement baissé à compter des années 1990 à cause du braconnage. Ces deux groupes ne sont pas inclus dans les chiffres de la population de bison d'Europe, eu égard à leur hybridation. D'après Skipo en 1990, l'influence génétique du bison d'Amérique dans le premier groupe (le plus important) était de seulement 5,24 %. Les spécialistes qui s'occupent de la protection du bison d'Europe sont cependant généralement très hostiles à ces troupeaux, en lesquels ils voient un risque de disparition du bison d'Europe en tant qu'espèce à part entière. Il existe aussi des troupeaux d'hybrides vivant en semi-liberté et en captivité.

Depuis 1996, un programme européen pour les espèces menacées (ou EEP, pour European Endangered Species Programme) a été mis en place. Les EEP sont des programmes européens de reproduction en captivité d'animaux menacés. En 2000, 405 animaux de 62 centres (35 % de la population captive) participaient à ce programme.

En France, on trouve le bison d'Europe dans des zoos et des parcs animaliers. Il vit en semi-liberté sur 200 hectares, dans le parc animalier de Sainte-Eulalie, en Margeride (Lozère), sur 350 hectares dans le parc de vision de Bel-Val dans les Ardennes, ainsi que dans le parc animalier du Haut-Thorenc s'étendant sur 700 hectares à Thorenc dans les Alpes-Maritimes.

L'édition 2002 du Livre des pedigrees du bison d'Europe indique qu'il y a 3 097 bisons d'Europe vivant dans le monde, dont environ 1 600 en liberté (non compris les hybrides bison d'Europe X bison d'Amérique). Ce chiffre est sous-estimé, car tous les gestionnaires de troupeaux (que ceux-ci soient captifs ou libres) ne remontent pas leurs données dans l'EBPB. En mai 2014, 17 bisons ont été relâchés en Roumanie, dans les Carpates méridionales.

Selon l'European Bison Pedigree Book de 2017[réf. souhaitée], la population de bisons d'Europe atteignait alors 7 180 individus dont 5 036 vivant à l'état sauvage dans 42 troupeaux, 399 élevés en semi-liberté et 1 745 en captivité.

En 2019, cinq individus sont introduits dans un enclos de 50 hectares en forêt de Suchy dans le canton de Vaud en suisse. Les bisons y vivent en semi-liberté. Il est aussi prévu d'y étudier leur impact sur la biodiversité. Un premier petit y est né en juin 2020.

Il est prévu de réintroduire un groupe à partir de 2022 dans le Kent, au sud-est de Londres, après 6 000 ans d'absence.

En Espagne, les défenseurs de l'environnement souhaitent faire évoluer la loi pour réintroduire des bisons afin de débroussailler les sous-bois et prévenir les incendies de forêt.

Une espèce toujours menacée

Un des principaux problèmes actuels est l'isolement des populations réintroduites : « Les troupeaux existants en liberté sont souvent isolés sur de petits territoires [...] Pour l'instant, une population viable à l'intérieur d'un territoire continu n'a pas encore été établie ». Des populations plus petites sont plus facilement menacées par les aléas tels que le climat, les maladies, les prédateurs ou le braconnage.

Ce premier problème est étroitement lié à un second, la consanguinité. La population d'origine est très consanguine, et les troupeaux trop petits et trop dispersés favorisent encore la perte de diversité génétique. Certains problèmes osseux ou de fertilité apparaissent dans certains groupes.

Le braconnage a menacé certaines populations d'hybrides caucasiens, mais ce problème n'est pas considéré comme une menace majeure pour les populations de B. bonasus vivant actuellement dans la nature.

Des bisons à nouveau en liberté ?

Une Fondation de défense des grands herbivores accompagne un projet pilote (en cours) de retour d'un troupeau de bison européen en liberté en Allemagne, dans le « Rothaargebirge » dans deux districts administratifs (Siegen-Wittgenstein et Hochsauerland) du Land de Rhénanie-du-Nord-Westphalie dans une zone d'environ 6 900 ha de la région Rothaargebirge (pour moitié dans le « Schanze », qui est classé en zone Natura 2000, avec l'objectif d'une harde de 20 à 25 bisons (nombre calculé sur la base d'une estimation de la capacité d'accueil du milieu).

L'expérience se veut aussi être une contribution active à la conservation du bison européen, qui ira beaucoup plus loin que la reproduction et les efforts de conservation de petits parcs et zoos.

Il s'agit aussi d'élargir la gamme des espèces de grands herbivores indigènes et de remplir une niche écologique qui était devenue vacante (avec la disparition des mammouths, rhinocéros laineux puis des aurochs, bisons, élans) en termes de grands consommateurs d'herbe et de fourrage.

Des mesures visent à favoriser l'acceptation de ce retour dans la région et à montrer qu'une gestion appropriée, viable et durable d'un habitat peut être faite avec et pour des grands mammifères autrefois indigènes même dans un pays densément peuplé comme l'Allemagne et que les usages des terres par l'homme peuvent être rendus compatibles avec les besoins de ces animaux. Au fur et à mesure de l'extension de la harde, des scientifiques étudieront ses effets sur la dynamique de population des arbres et en termes de régénération naturelle des forêts et d'économie sylvicole.

On sait qu'en l'absence de prédateurs naturels, la densification de certaines populations d'ongulés (cerf, chevreuil) peut endommager la capacité de régénération forestière. Le bison peut parfois écorcer certains arbres, peut-être pour acquérir des substances qui le soignent ; un des objectifs du projet est d'étudier comment le bison affecte les objectifs forestiers. On étudiera aussi comment une adaptation du régime de la chasse dans cette zone, ou une amélioration de la disponibilité en herbacées pourrait diminuer les impacts de la présence du bison sur les objectifs sylvicoles.

Une zone de visualisation et un lieu d'information sont prévus pour permettre aux visiteurs de s'informer sur le projet ainsi que sur la biologie et l'histoire du bison d'Europe, la place de ces animaux au sein des écosystèmes prairiaux et forestiers, et les processus et services écosystémiques associés.

Éthologie

Le bison, animal social, pratiquerait une forme de « démocratie ». Tout individu peut prendre l'initiative de proposer au groupe une direction de déplacement, même si ce sont généralement les femelles gestantes ou allaitantes qui le font car elles ont des besoins alimentaires plus importants. Elles manifestent leur proposition d'un mouvement de tête, mais les autres membres de groupe ont la liberté d'entériner ou non la proposition. Ce n'est que lorsqu'un nombre de bisons suffisant a validé, d'un même mouvement de tête, la proposition initiale que le groupe se met en mouvement. Ce type de comportement se retrouve également chez les buffles africains et chez des primates comme les babouins ou les macaques.

Selon l'éthologue Cédric Sueur, les processus de décisions collectives que l'on observe chez divers groupes d'animaux sociaux sont un moyen de maintenir la cohésion du groupe. « Si l'organisation était trop despotique, certains animaux quitteraient le groupe, et ce dernier perdrait ses avantages, notamment en matière de protection contre les prédateurs ». Ainsi, chez les bisons d'Europe dont les groupes suivent une dynamique de fission-fusion, le choix consensuel de la direction prise par le groupe permet de préserver la taille du groupe et même de recruter d'autres membres.

Bison

Les Bisons (Bison) forment un genre de grands bovidés ruminants dont il existe deux espèces vivantes : le bison d'Europe (Bison bonasus) et le bison d'Amérique du Nord (Bison bison) qui est elle-même divisée en deux sous-espèces : le bison des bois (Bison bison athabascae) et le bison des plaines (Bison bison bison). Le bison des plaines vit essentiellement dans les steppes nord-américaines tandis que le bison des bois et le bison d'Europe occupent des habitats forestiers.

Les relations entre les deux espèces vivant actuellement ne sont pas totalement claires. Elles sont sans conteste très proches, puisqu'elles font des hybrides fertiles. Il semble que la fertilité des hybrides soit la même que celle des animaux non hybridés. Il existe d'ailleurs des troupeaux d'hybrides vivant en liberté dans le Caucase russe depuis les années 1950. Il faudrait donc considérer Bison bison et Bison bonasus comme deux sous-espèces, et non comme deux espèces distinctes. Certains biologistes défendent d'ailleurs cette position, mais la majorité des auteurs considère cependant toujours que les deux groupes sont des espèces distinctes.

Origine du genre

Bison européen, dessiné en 1556.

Il est généralement admis que le genre Bison trouve son origine en Asie du sud. Des formes antérieures au genre Bison sont identifiées au Pliocène récent : Probison dehmi et Protobison kushku nensis provenant d'Inde, et Eobison degiulii, provenant d'Europe.

Liste des espèces et sous-espèces

Espèces actuelles

Bison bison (Linnaeus, 1758) : Amérique du Nord.
Bison bonasus (Linnaeus, 1758) : Europe.

Espèces éteintes

†Bison antiquus (Leidy, 1852) : Amérique du Nord.
†Bison latifrons (Harlan, 1825; Leidy, 1852) : Amérique du Nord.
†Bison menneri (Sher, 1997) : Europe.
†Bison palaeosinensis (Teilhard & Piveteau, 1930) : Asie.
†Bison priscus (Bojanus, 1827) : Eurasie et Amérique du Nord.
†Bison schoetensacki (Freudenberg, 1910) : Europe.
†Bison sivalensis (Falconer, 1878) : Chine.
†Bison tamanensis (Vereshchagin, 1959) : Russie.
†Bison voigtstedtensis (Fischer, 1965) : Europe.

Le bison des steppes (Bison priscus (Bojanus

Bison priscus, un bison à grandes cornes, habitait l'Eurasie et l'Alaska durant le Pléistocène. On retrouve fréquemment ce bison sur les peintures pariétales de la Préhistoire européenne.

C'est à la fin de la dernière période glaciaire (il y a 10 000 à 15 000 ans) que Bison priscus semble donner naissance à Bison bonasus, le bison d'Europe actuel, et peut-être aussi au bison d'Amérique.

L'espèce Bison d'Europe (Bison bonasus)

Bison d'Europe (Bison bonasus) du parc animalier de Gramat (Lot, France).

Le bison d'Europe était très fréquent sur tout le continent européen, de l'Atlantique à l'Oural (excepté la péninsule Ibérique, l'Italie, la péninsule scandinave et les îles Britanniques), et ce jusqu'au Moyen Âge. Il est également possible qu'il ait résidé en Sibérie, même si ce point doit encore être confirmé. L'historien Paul Diacre signale au viiie siècle la présence de bisons sauvages dans le Nord-Est de l'Italie, dans la région du Monte Re, située aujourd'hui à la frontière italo-slovène.

Charlemagne le chassait, de même que l'aurochs, dans la région de Liège et d'Aix-la-Chapelle.

Exterminé dans la nature après la Première Guerre mondiale, le bison d'Europe ne survivait alors plus qu'en captivité. Il a été progressivement réintroduit dans la nature après la Seconde Guerre mondiale et plus récemment en Roumanie, dans le Parc National "Vânatori - Neamt" (la région de Bucovina).

Le poids moyen du mâle est d'environ 700 kg (1 tonne au maximum), et sa taille peut atteindre 1,80 m, voire 2 mètres, au garrot. La femelle est plus petite, avec un poids entre 350 et 600 kg. C'est le plus gros mammifère terrestre d'Europe.

L'espèce Bison d'Amérique du Nord (Bison bison

Pile de crânes de bisons nord-américains destinés à devenir du fertilisant dans les années 1870.

Il existe deux sous-espèces du bison d'Amérique du Nord:

Bison des bois (Bison bison athabascae (Rhoads, 1897))
Le bison des bois est actuellement protégé par la Convention sur le commerce international des espèces de faune et de flore sauvages menacées d'extinction (CITES). À l'inverse du bison des plaines, il vit principalement dans la taïga. C'est le plus gros mammifère d'Amérique du Nord.

Bison des plaines (Bison bison bison)
Le bison des plaines a été un animal caractéristique de l'Amérique du Nord et un symbole pour de nombreuses cultures amérindiennes. Les Amérindiens des grandes plaines de l'Amérique du Nord avaient une économie largement basée sur le bison.

Les bisons d'Amérique du Nord étaient encore 50 à 70 millions avant l'arrivée des Européens en Amérique, vivant et migrant sur les plaines herbeuses d'Amérique du Nord, du Mexique au Canada.

Ils ont frisé l'extinction avec la conquête de l'Ouest, l'introduction des chevaux et la construction du chemin de fer (vers 1870-1880), où le massacre des bisons fut une entreprise économique à très grande échelle, mais aussi une stratégie pour affecter les Amérindiens. Buffalo Bill (William Frederick Cody) fut un des plus grands chasseurs de bisons.

L'animal est alors protégé, et sa population en 2005 est estimée entre 200 000 à 300 000 bisons, vivant dans des zoos, des parcs animaliers, des élevages privés (pour la viande) et des réserves naturelles (aux États-Unis et au Canada). Ce dernier groupe, les seuls bisons vivant en liberté, est très minoritaire (quelques milliers). Le groupe le plus important est celui des bisons d'élevage, dont plusieurs dizaines de milliers sont abattus chaque année pour leur viande.

Hybrides

cattalo : taureau + bisonne
beefalo : vache + bison

Le bison dans la culture

Une effigie de bison figure sur les emblèmes des subdivisions de la Biélorussie suivantes : le Voblast de Brest et le Voblast de Hrodna.

Galerie

Bison d Europe

Bison américain.

Bison américain (Blue Mounds Park, Minnesota, États-Unis).

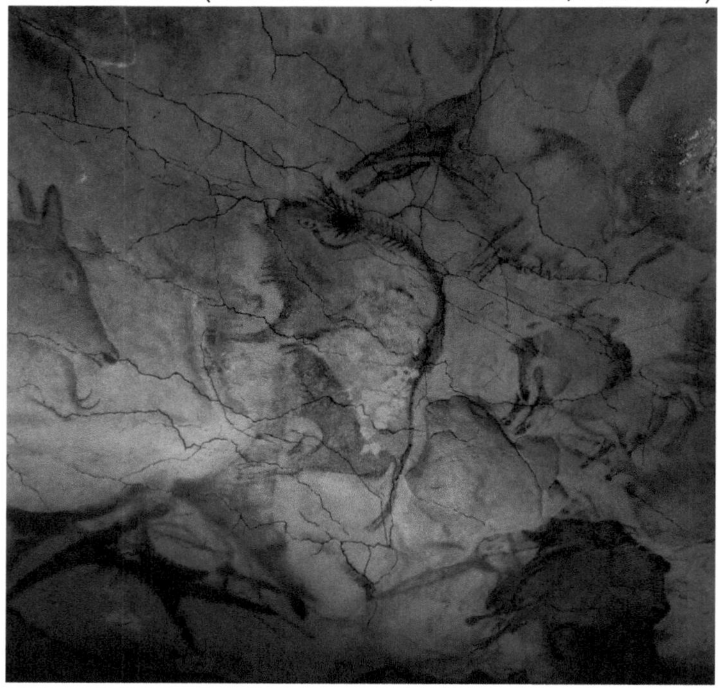

Bisons dessinés dans le plafond de la grotte Altamira.

Bison américain

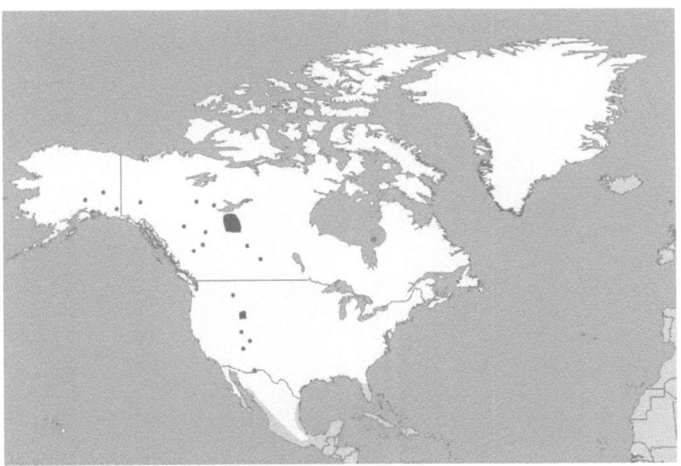

Le Bison d'Amérique (Bison bison) est l'une des deux espèces de bison encore vivantes, l'autre étant le Bison d'Europe. Le Bison des plaines (Bison bison bison), une de ses deux sous-espèces, est caractéristique des grandes prairies du Midwest en Amérique du Nord ; il était un animal essentiel pour de nombreuses cultures amérindiennes. L'économie des Indiens des Grandes Plaines était largement fondée sur sa chasse, alors qu'il vivait en immenses troupeaux migrant au gré des saisons. Avant l'arrivée des colons européens en Amérique, on comptait encore 50 à 70 millions de Bisons d'Amérique, vivant et migrant sur les plaines herbeuses du Mexique au Canada. Ces troupeaux ont été pourchassés à la fin du xixe siècle au point de menacer quasiment la survie de l'espèce (il n'en restait que 325 en 1884. C'est le premier cas américain de réintroduction réussie d'une espèce de mammifères à l'état sauvage (il y en aurait environ 500 000 en 2015, et au moins quelques-uns dans chaque État). En mai 2016, le bison devient le mammifère officiel des États-Unis à la suite de la promulgation du National Bison Legacy Act.

Sous-espèces

Il existe deux sous-espèces de Bison bison en Amérique du Nord, le Bison des plaines (Bison bison bison) et le Bison des bois (Bison bison athabascae). Cette dernière sous-espèce, qui a toujours été moins abondante, habite le Canada (environ 3 000 têtes dans les années 1990) et est majoritairement composée d'animaux vivant en liberté. La principale différence entre les deux sous-espèces est la forme de la bosse : arrondie chez Bison bison bison, plus grande et « carrée » chez Bison bison athabascae. La sous-espèce des plaines n'est pas protégée par la CITES, tandis que la sous-espèce des forêts est classée en annexe II. Certains scientifiques (Reynolds, 1982 [réf. souhaitée]) estiment qu'il n'y a pas lieu de différencier deux sous-espèces, tant elles se ressemblent.

Bison des plaines (Bison bison bison).

Bison des bois (Bison bison athabascae).

2 sous-espèces sont éteintes :

†Bison de l'Oregon (Bison bison oregonus)
†Bison de Pennsylvanie (Bison bison pennsylvanicus).

Principales caractéristiques physiques et éthologiques

Bison d'Amérique en hiver. La neige sur sa face provient du fait que le bison cherche sa nourriture en écartant la neige au sol par des mouvements latéraux de sa tête.

Le bison possède un manteau d'hiver aux longs poils brun foncé et un pelage d'été plus léger, d'un brun plus clair. Le bison peut atteindre 2 mètres au garrot, 3,60 mètres en longueur ; il pèse en moyenne entre 450 et 900 kg. Les plus grands spécimens peuvent dépasser 1 000 kg. La tête et le train avant sont énormes. Les femelles comme les mâles sont dotés de deux cornes courtes et incurvées, qu'ils utilisent dans leur lutte pour obtenir un meilleur rang à l'intérieur du troupeau et pour la défense. Le bison s'accouple en août et septembre et un seul veau de couleur rouge-brun naît au printemps suivant. Sa mère l'allaitera pendant un an. Les bisons sont adultes à l'âge de trois ans et ont une espérance de vie de 18 à 22 ans, ou de 35 à 40 ans en captivité.

Le bison blanc est un phénomène rare lié à un gène récessif, se manifestant chez un animal né avec une fourrure brun-rougeâtre qui devient blanche à l'âge adulte. L'animal n'est pas un véritable albinos, car la couleur de l'œil est normale, comme c'est le cas pour l'ours.

Morphologie

longueur du corps : 2 à 3,5 m
longueur des cornes : latérales, 40 cm
hauteur au garrot : 1,5 à 2 m
poids adulte : 500 à 600 kg pour les femelles, 800 à 1 100 kg pour les mâles.

Physiologie

Bison femelle et petit

maturité sexuelle : 2 ans 1/2
gestation : 9 mois
nombre de jeunes par portée : un, très rarement deux (la mère délaisse alors le plus faible, généralement condamné)
nombre de portées par an : une, période de rut en juillet-août, mises-bas en avril-mai
longévité
libre : 18 à 22 ans
captif : 25 à 30 ans voire plus de 30 ans.

Comportements reproductifs

Un jeune bison à la fin du mois de mai au parc d'État de Custer, au Dakota du Sud.

Les bisons d'Amérique sont polygames : les mâles dominants règnent sur un harem de femelles avec lesquelles ils s'accouplent. Les mâles solitaires courtisent les femelles jusqu'à ce qu'elles leur permettent de s'accoupler, les suivant et les surveillant pour chasser les mâles concurrents.

Lors des parades nuptiales, les mâles se livrent des combats avant lesquels ils se roulent dans leur urine pour s'imprégner de leur odeur hormonale et grattent la terre pour intimider leurs rivaux. Ces combats de quelques secondes pour la plupart peuvent conduire à une mise à mort portée par un coup de corne fatal.

Des comportements homosexuels allant jusqu'au simulacre d'accouplement sont fréquents chez les bisons. La cérémonie de l'Okipa chez les Indiens Mandans se termine par un rituel mettant en scène ce comportement, pour « assurer le retour du bison au cours de la saison à venir ». Les Lakotas se réfèrent à eux comme étant des pte winkte — pte signifiant « bison » et winkte signifiant « deux-esprits ».

Régime alimentaire

Le bison est un herbivore qui consomme diverses herbacées, dont le panic érigé, l'Herbe des Indiens (Sorghastrum nutans), l'East Gamagrass (Tripsacum dactyloides), la grande et petite Bluestem (respectivement Andropogon gerardii et Schizachyrium scoparium) et d'autres graminées de prairie ou de jeunes plants de végétaux ligneux.

Origines

Bien avant l'arrivée des humains en Amérique du Nord, le bison a été le principal grand mammifère colonisateur du continent, y prospérant mieux que bien d'autres herbivores dont les chevaux et mammouths. Le début de son expansion et l'explication de cette aptitude à coloniser une vaste aire sont restés un mystère jusqu'à une époque récente. Des analyses génomiques récentes faites à partir de plus de 40 fossiles, ont levé le voile, montrant que les ancêtres des actuels bisons sont arrivés entre 195 000 et 135 000 ans AP (Avant le Présent), soit au moins 110.000 ans avant les humains, mais il a fallu environ 20 000 ans à ces animaux pour se répandre sur presque tout le continent, en profitant des zones libres de glace, avant d'être confrontés aux humains et alors que d'autres grands mammifères nord-américains connaissaient une crise d'extinction entre 40.000 et 10.000 AP pour finalement aussi subir des croisements avec des bovins domestiques.

Prédateurs

Meute de loups gris encerclant un bison.

Outre l'homme, les prédateurs du bison d'Amérique sont le puma, le loup et le grizzli.

Le bison et l'Homme

Article détaillé : Chasse au bison.

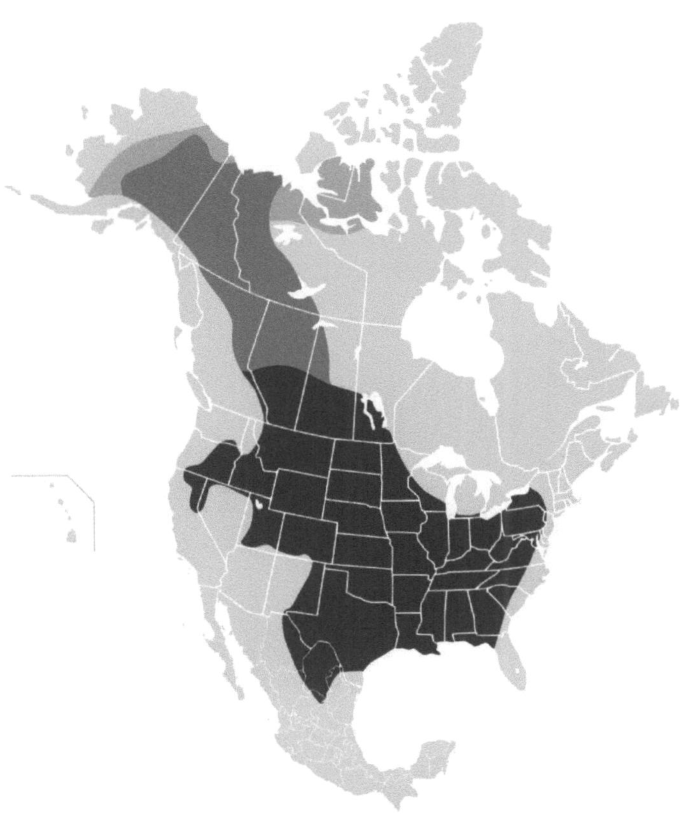

Répartition primitive du bison des plaines et du bison des bois en Amérique du Nord. Le bison de l'Holocène (Bison occidentalis) est une forme primitive à l'origine du bison des plaines et du bison des bois.
Bison de l'Holocène
Bison des bois
Bison des plaines

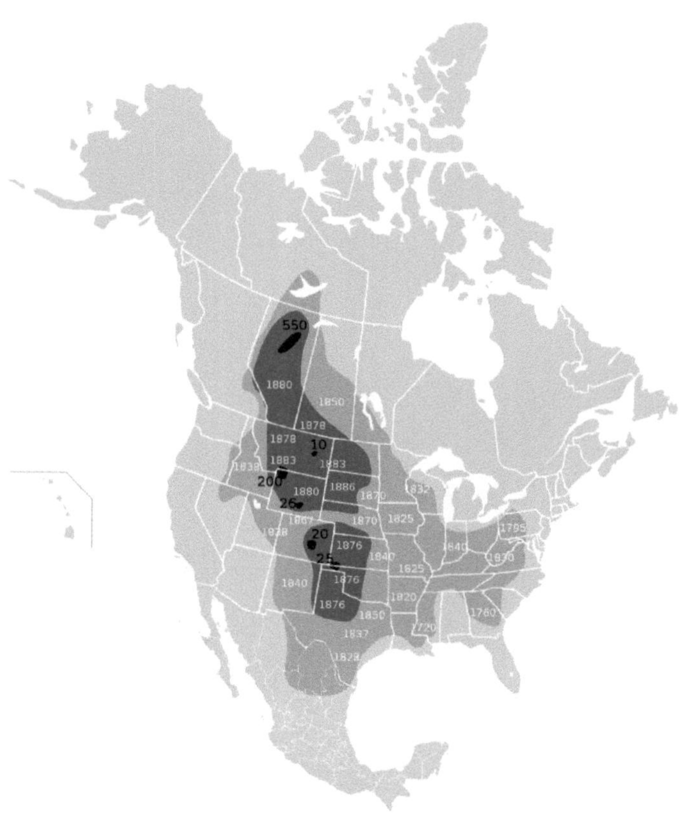

Carte du déclin de la population et de la répartition du bison jusqu'en 1889 d'après le travail de William Hornaday.
Répartition précoloniale
Répartition en 1870
Répartition en 1889.

Répartition des troupeaux de bisons des plaines sur les terres publiques et des troupeaux de bisons des bois captifs ou en liberté en Amérique du Nord en 2003.

Le retour du bison

Il n'existait plus que 750 bisons en 1890. Le zoo du Bronx a conservé un troupeau en captivité, dont une partie a été transportée au début du xxe siècle au parc national de Yellowstone afin de compenser la faiblesse des troupeaux autochtones (que le braconnage avait réduit à quelques dizaines d'animaux), en complément d'animaux transplantés d'autres réserves d'animaux sauvages. Certains de ces derniers provenaient du ranch de Charles Goodnight au Texas.

Un certain nombre de troupeaux de propriétaires privés ont également été reconstitués, à partir de cette population. La population de bisons américains a connu une croissance rapide et est estimée actuellement à 350 000 individus, mais ce chiffre est à comparer à une population estimée à 60-100 millions au cours du deuxième quart du xixe siècle. Les troupeaux actuels, néanmoins, sont presque tous partiellement issus de croisements avec d'autres bovins. Aujourd'hui, il existe seulement quatre troupeaux génétiquement distincts[pas clair], et un seul qui soit également indemne de brucellose : il se trouve au parc national de Wind Cave. Une population issue du troupeau de Wind Cave a été récemment établie au Montana par le WWF.

Au Canada, la population de bison des bois, espèce protégée, est actuellement estimée à 11 433 individus, dont plus de la moitié dans des troupeaux sauvages touchés soit par la tuberculose soit par la brucellose. Le plus grand troupeau vit dans les Territoires du Nord-Ouest, au sanctuaire du bison de Mackenzie.

Toujours au Canada, l'élevage qui ne concerne que le bison des plaines porte environ sur 250 000 animaux possédés par 2 000 éleveurs.

Le bison d'Amérique de nos jours

La chasse est autorisée actuellement à petite échelle dans certaines zones. Au Montana, les éleveurs de bétail sont préoccupés par la propagation chez leurs bovins de la brucellose transmise par des bisons infectés qui errent en dehors des limites du parc national de Yellowstone. En 2005, une chasse publique au bison limitée à 50 licences a été établie, puis suspendue, et rétablie par l'État.

Viande de bison en vente aux États-Unis.

Les bisons sont maintenant élevés pour la viande et la peau. Plus de la moitié des 800 000 bisons restants sont élevés pour la consommation humaine. La viande de bison a une teneur plus faible en graisse et en cholestérol que la viande bovine, ce qui a conduit au développement du Beefalo, un hybride fertile du bison et du bœuf domestique. En 2005, environ 35 000 bisons ont été abattus pour leur viande aux États-Unis, avec le National Bison Association et le département de l'Agriculture des États-Unis (USDA), qui développe un programme de « bison americain certifié » (Certified American Buffalo) avec une traçabilité de la naissance au consommateur par un suivi du bison par puces RFID auriculaires. Le plus important éleveur de bison est Ted Turner qui, avec ses 14 ranchs, posséderait environ 50 000 têtes.

Au Canada, on estimait que les abattages concernaient 23 000 animaux en 2009, pour un élevage portant sur environ 180 000 animaux. Le recensement de 2016 a compté 119 314 bêtes d'élevage au sein de 975 fermes et ranchs. L'hybridation a été beaucoup moins courante au Canada qu'aux États-Unis.

Des études génétiques récentes sur les troupeaux de bisons de propriétaires privés montrent que beaucoup d'entre eux sont des animaux possédant des gènes de bœuf, il existerait seulement 12 000 à 15 000 bisons de race pure dans le monde. Les chiffres sont incertains parce que les tests utilisés jusqu'à présent sont fondés sur l'analyse de l'ADN mitochondrial et, par conséquent, ne décèlent pas les gènes hérités des bovins provenant de la lignée mâle. La plupart des hybrides sont d'apparence identique à celle des bisons de race pure.

Le projet American Prairie Reserve vise à réintroduire des troupeaux de bisons dans un écosystème de prairie au Montana.

Dangers

Pâturage au parc national de Yellowstone.

Les bisons font partie des animaux dont la rencontre est la plus dangereuse pour les visiteurs des différents parcs nationaux américains, notamment le parc national de Yellowstone. Même s'ils ne sont pas carnivores, ils peuvent attaquer les humains, en cas de provocation ou de sentiment de danger. Apparemment lents, compte tenu de leurs mouvements plutôt léthargiques, ils sont cependant tout à fait capables de surclasser les humains en vitesse — on les a vus courir à des vitesses allant jusqu'à 50 km/h en moyenne avec des pointes à 73 km/h. Leur comportement grégaire les fait rapidement passer de la marche à la course. Ils doivent généralement être considérés comme aussi dangereux que les ours. Des gens ont été piétinés et blessés par les bisons dans les parcs nationaux. De façon inattendue compte tenu de leur taille et de leur morphologie, les bisons ont également la capacité de sauter haut.

Voir des bisons d'Amérique en Europe

Suisse
Bison Ranch, Les Prés-d'Orvin dans le Jura bernois
Parc à bisons[24] à Boncourt dans le canton du Jura)
Juraparc, commune de Vallorbe dans le canton de Vaud
Zoo de Servion, dans le canton de Vaud
France
Les Bisons du Sachuron[25] à Damprichard dans le Doubs.
Elevage du Palais[26] à Bourganeuf dans la Creuse.
Bisons d'Auvergne à Rocles dans l'Allier.
Randals Bison[27] à Lanuejols, près du Mont Aigoual, dans le Gard.
Ferme du Hérisson à Doucier (Cascades du hérisson), dans le Jura.
Réserve de bisons d'Europe de Sainte-Eulalie de la Margeride en Lozère, qui accueille également des bisons d'Amérique pour montrer la différence entre les espèces.
Le ranch des bisons[28] en Lorraine, près de Bitche
Rêve de Bisons[29] à Muchedent, Seine-Maritime
Ferme de la Marquise[30] près de Gray en Haute-Saône
Parc zoologique de Thoiry, Yvelines
Safari de Peaugres, Ardèche
Parc zoologique de Lisieux (Cerza), Calvados
Planète sauvage (parc), Loire-Atlantique
Parc du Reynou, Haute-Vienne
Réserve de Beaumarchais, Indre-et-Loire
Zoo de la Barben, Bouches-du-Rhône
Parc zoologique de Fréjus, Var
Parc zoologique de Mulhouse, Alsace
Parc animalier de Sainte-Croix, Moselle
Parc zoologique d'Amnéville, Moselle
Parc animalier de Gramat, Lot
Parc du Cézallier, Puy-de-Dôme
Parc animalier d'Écouves, Orne
Legendia parc, Frossay
Parc Disneyland Paris, dans le spectacle Buffalo Bill Wild West Show
Belgique
Recogne (près de Bastogne, Ardenne), troupeau d'élevage d'au moins 300 individus[31].

Pairi Daiza, troupeau cohabitant avec des chevaux sauvages.
Planckendael à Malines.
Bison ranch Orchimont (Ardenne Orchimont) troupeau d'élevage d'environ 200 individus

American Prairie Reserve

L'American Prairie Reserve ou Réserve de prairie américaine, abrégée APR, est une réserve naturelle en cours de mise en place située dans le nord-est du Montana. Elle est soutenue par une fondation privée, l'American Prairie Foundation. À terme elle devra faire 12 000 km2 d'un seul tenant, en combinant des terres privées et publiques, et proposer un écosystème de prairie d'herbes mixtes complet, avec des corridors biologiques et une faune indigène.

Contexte

Les prairies sont l'écosystème dominant des plaines intérieures du centre de l'Amérique du Nord. Le type de végétation principal est constitué de plantes herbacées comme les graminées, les Cyperaceae et autres plantes des prairies, plutôt que de la végétation ligneuse comme les arbres. Avant les années 1800, les bisons étaient une espèce clé de voûte de l'habitat des prairies d'herbes courtes indigènes, car leur pression de pâturage modifiait le réseau trophique et les paysages de manière à améliorer la biodiversité. Les prairies comprenaient autrefois plus de 1 500 espèces de plantes, 350 espèces d'oiseaux, 220 de papillons et 90 de mammifères. Le bison coexistait avec le wapiti, le cerf, le pronghorn, le renard véloce, le putois à pieds noirs, la Chevêche des terriers, l'ours noir, le loup et le couguar. Les bisons, s'attaquant aux arbres avec leurs cornes, empêchent le remplacement de la prairie en forêt. Ils dispersaient les graines par leurs excréments. Le paysage hétérogène ou varié créé par les bisons aide les oiseaux ; des millions d'oiseaux arrivent encore chaque année. Les Courlis à long bec sont des oiseaux de rivage migrateurs qui dépendent de trois types d'habitats dans la prairie - des herbes rases, des herbes hautes et de la boue - pour leur cycle de reproduction annuel[4]. Les pluviers montagnards utilisent les souilles des bisons comme sites de nidification. Les pygargues à tête blanche, les corbeaux et les pies d'Amérique consomment les carcasses de bisons lorsqu'ils meurent.

Cet écosystème a été en grande partie détruit au xixe siècle et les animaux chassés, piégés ou empoisonnés. Cependant, le Homestead Act qui a permis la conquête de l'Ouest n'a pas conduit à une mise en culture massive dans le Montana, car il limitait la propriété privée à 160 acres, soit 65 ha, ce qui est insuffisant pour assurer la subsistance d'une exploitation. Par conséquent, seul l'élevage et le pâturage sur les terres publiques ont prospéré jusqu'à ce jour.

En 1908, la National Bison Range est créée au Montana.

The Nature Conservancy a affirmé en 1999 que les Grandes Plaines du Nord étaient les plus viables pour restaurer les habitats de la région et conserver la diversité existante des plantes et des animaux. La WWF considère que 69 % des Grandes Plaines du nord sont toujours intactes.

La population de l'est du Montana diminue depuis les années 1930. Près des deux tiers des comtés des Grandes Plaines ont vu leur population baisser entre 1950 et 2007, et a diminué de moitié pour 69 d'entre eux. Les terres sont à vendre et les éleveurs vieillissants ont du mal à ce que leur famille reprenne leur activité. L'élevage est une activité difficile dans cette région avec des conditions hivernales rigoureuses, des étés très chauds et des marges faibles. Les grandes propriétés peuvent valoir des millions de dollars.

Selon la loi du Montana, les bisons sont classés comme bétail privé, sous la surveillance du Département de l'élevage.

Les Grandes Plaines sont l'une des quatre grands écosystèmes de pelouse tempérée restant sur terre, avec les steppes du Kazakhstan, celles de Mongolie, ainsi que la Patagonie.

Histoire

Un bison en liberté au sein de la réserve.

L'American Prairie Foundation qui gère la réserve est fondée en 2001. C'est une association à but non-lucratif, ou charity.
Les premières terres sont acquises en 2004.
En 2005, 16 bisons du Parc national de Wind Cave, dans le Dakota du Sud, sont relâchés. Plusieurs bisons des plaines sont également issus du Parc national Elk Island, dont 94 têtes en 2010 et 72 en 2012. En 2020, les troupeaux de 800 bisons vivent en liberté dans la zone de la réserve Sun Prairie et dans certaines parties de Dry Fork et White Rock.

L'American Prairie Foundation a acheté des ranches, vendus de plein gré par leurs propriétaires, et acquis ainsi les baux de pâturage liés aux ranches et gérés par le Bureau of Land Management (BLM). Les terres du BLM sont bien plus étendues que celles des ranches. En janvier 2020, 30 ranchs ont été acquis et l'organisation souhaite en acheter une vingtaine de plus. En octobre 2020, la réserve s'étend sur 420 000 acres, soit 170 000 hectares ou 1 700 km2 dans le nord-est du Montana, avec environ un quart en propriété et le reste en location. L'une des plantes dominantes est Agropyron cristatum, une plante envahissante introduite par le gouvernement américain dans les années 1930 pour être utilisée comme fourrage, et dont les équipes de l'American Prairie Reserve ont du mal à se débarrasser.

Controverses

Le projet est controversé parmi les éleveurs de la zone, dont beaucoup ont l'intention de continuer à faire paître le bétail. L'idée de laisser les bison en liberté soulève des inquiétudes au sujet des maladies du bétail, comme l'anthrax , la maladie de la vache folle ou la brucellose bovine. La concurrence pour le fourrage, la sécurité du public ou les dégâts aux propriétés privées, par exemple les barrières, sont également des craintes. Les projets de réintroduction d'ours, de loups et de wapiti suscitent également l'opposition.

L'industrie de la viande bovine, dont le chiffre d'affaires avoisine les 1,5 G$ annuellement, se sent menacée par cette réserve, qui retire des terres aux pâturages. Des panneaux « Sauvez le Cowboy, arrêtez l'American Prairie Reserve » sont affichées sur les maisons et une organisation de défense des fermiers est créée. Le sentiment est que la réserve menace une culture qui a préservé les prairies du labourage pendant plus de 150 ans. Cette préservation en fait aujourd'hui l'endroit idéal où faire revenir les paysages à ce qu'ils étaient avant la conquête de l'ouest. Dans un contexte de dépopulation rurale, la formation de l'American Prairie Reserve par des donateurs riches, écologistes et étrangers à l'État et à la culture rurale semble un camouflet pour des petites communautés sur le déclin et culturellement fort différentes. De plus, pour rester rentables les exploitations de bétail doivent être toujours plus grandes, et l'APR est vue comme une rivale.

En février 2021, un accord est trouvé entre l'APR et le Comté de Phillips pour une durée de dix ans. Les bisons devront être vaccinés et suivis pour leurs maladies. Une procédure pour les bisons en fuite doit être mise en place et des rapports devront être publiés.

En 2019, la Chambre des représentants de la Législature du Montana adopte une résolution demandant au Bureau of Land Management de refuser le pâturage aux bisons de l'American Prairie Reserve. L'organisation de la réserve indique qu'elle souhaite s'installer dans une zone où l'activité économique prédominante restera l'élevage de bétail et cherche à être un bon voisin. L'un de ses efforts a consisté à inviter les éleveurs de la région à adhérer à certaines normes respectueuses de la faune et à obtenir de l'aide pour commercialiser le bétail sous le nom de « Wild Sky Beef » comme un produit haut de gamme. D'autres programmes rémunèrent les fermiers qui photographient des grands carnivores afin d'habituer à leur présence.

Le projet reçoit l'appui des tribus indiennes voisines et de locaux qui voient des perspectives de revenus liés au tourisme.

Des critiques visent les riches donateurs au projet, lesquels ont financé des industries polluantes (pétrole, gaz ou charbon) contribuant au changement climatique nuisant aux Grandes Plaines.

Organisation

La fondation a développé une échelle en 7 points pour évaluer les terres en fonction de dix conditions écologiques, notamment la diversité végétale, le pâturage, le feu, l'hydrologie et les prédateurs pour mesurer l'impact des activités de gestion des réserves.

Environ dix pour cent du financement provient de fondations privées soutenant la conservation des terres, le montant restant provient de personnes vivant dans 46 États des États-Unis et huit pays. Environ 20 % des donateurs résident dans l'État du Montana. En décembre 2013, ils avaient réuni 67,3 millions de dollars en dons et promesses de dons depuis 2002. Pour mener à bien l'ensemble du projet, environ 450 M$ seraient nécessaires.

Les principaux donateurs sont Forrest Mars, Jr. et John Mars de la famille Mars, Hansjörg Wyss et Susan Packard Orr. Les membres actuels du conseil, Erivan et Helga Haub, Gib et Susan Myers et George et Susan Matelich, sont également des donateurs importants.

Table des matières

Printed by Books on Demand GmbH, Norderstedt / Germany